BEI GRIN MACHT SICH IHR WISSEN BEZAHLT

- Wir veröffentlichen Ihre Hausarbeit, Bachelor- und Masterarbeit

- Ihr eigenes eBook und Buch - weltweit in allen wichtigen Shops

- Verdienen Sie an jedem Verkauf

Jetzt bei www.GRIN.com hochladen und kostenlos publizieren

Bibliografische Information der Deutschen Nationalbibliothek:

Die Deutsche Bibliothek verzeichnet diese Publikation in der Deutschen Nationalbibliografie; detaillierte bibliografische Daten sind im Internet über http://dnb.d-nb.de/ abrufbar.

Dieses Werk sowie alle darin enthaltenen einzelnen Beiträge und Abbildungen sind urheberrechtlich geschützt. Jede Verwertung, die nicht ausdrücklich vom Urheberrechtsschutz zugelassen ist, bedarf der vorherigen Zustimmung des Verlages. Das gilt insbesondere für Vervielfältigungen, Bearbeitungen, Übersetzungen, Mikroverfilmungen, Auswertungen durch Datenbanken und für die Einspeicherung und Verarbeitung in elektronische Systeme. Alle Rechte, auch die des auszugsweisen Nachdrucks, der fotomechanischen Wiedergabe (einschließlich Mikrokopie) sowie der Auswertung durch Datenbanken oder ähnliche Einrichtungen, vorbehalten.

Impressum:

Copyright © 2017 GRIN Verlag
Druck und Bindung: Books on Demand GmbH, Norderstedt Germany
ISBN: 9783668936966

Dieses Buch bei GRIN:

https://www.grin.com/document/464840

Lara Brunsiek

Die innere Verzweiflung der Protagonisten in den epischen Dramen "Der gute Mensch von Sezuan" und "Das Leben des Galileis" im Zusammenhang mit dem gesellschaftlichen Leben

GRIN - Your knowledge has value

Der GRIN Verlag publiziert seit 1998 wissenschaftliche Arbeiten von Studenten, Hochschullehrern und anderen Akademikern als eBook und gedrucktes Buch. Die Verlagswebsite www.grin.com ist die ideale Plattform zur Veröffentlichung von Hausarbeiten, Abschlussarbeiten, wissenschaftlichen Aufsätzen, Dissertationen und Fachbüchern.

Besuchen Sie uns im Internet:

http://www.grin.com/

http://www.facebook.com/grincom

http://www.twitter.com/grin_com

Facharbeit

Die innere Verzweiflung der Protagonisten in den epischen Dramen „Der gute Mensch von Sezuan" und „Das Leben des Galileis" im Zusammenhang mit dem gesellschaftlichen Leben

Verfasst von
Lara Brunsiek

Leistungskurs Deutsch

06.02.2017-06.03.2017
Schuljahr 2016/2017

Inhaltsverzeichnis:

1. Einleitung

2. Kurze Inhaltsangaben
2.1 Leben des Galilei
2.2 Der gute Mensch von Sezuan

3. Vergleich der Verzweiflung
3.1 Gemeinsamkeiten und Unterschiede in der Handlungsweise
3.2 Gründe der Verzweiflung im Zusammenhang mit dem gesellschaftlichem Hintergrund mit Erklärung durch den historischen Kontext

4. Fazit

Literaturverzeichnis

1. Einleitung

In dieser Facharbeit wird näher auf die epischen Dramen „Der gute Mensch von Sezuan" und „Leben des Galilei" eingegangen. Mit dem Schwerpunkt auf die Verzweiflung und wozu sie führt. Der gesellschaftliche Kontext spielt dabei eine wesentliche Rolle, denn dadurch lässt sich das Handeln aus Not erklären. Im folgenden werden auch auf Gemeinsamkeiten und Unterschiede eingegangen. Da beide Stücke zu gleichen Zeit geschrieben wurden, stellt sich die Frage, ob es Parallelen gibt und ob es einen Zusammenhang mit Brechts Lebenserfahrungen und seinen Dramen gibt? In der Analyse wird herausgestellt inwiefern sich der historische Kontext in den Dramen verewigt und wie es zur Verzweiflung der Protagonisten beiträgt.

2. Kurze Inhaltsangaben

2.1 Das Leben des Galileis

Das epischen Drama ,,Das Leben des Galilei", geschrieben von Bertolt Brecht 1938/39 und veröffentlicht 1963 im Suhrkamp Verlag, handelt von dem Astronom, Mathematiker und Physiker Galileo Galilei, welcher die kopernikanische Lehre beweisen will.

Zu Beginn lehrt Galileo Galilei Mathematik an der Universität Padua, wo er aber so wenig verdient, dass Galilei Privatschüler unterrichtet. Dem Schüler Andrea, welcher nicht bezahlen muss, da er der Sohn der Haushälterin ist, wird gerade das Ptolemäische System erklärt. Ludovico tritt ein und berichtet, als neuer Schüler Galileis, von einer neuen Erfindung, dem Fernrohr. Sofort wird Andrea los geschickt Linsen zu kaufen. Galilei möchte das Fernrohr verbessern und damit das Universum erforschen.

Kurz darauf stellt Galilei das Fernrohr dem Rat von Venedig vor, worauf alle sehr begeistert sind. Allerdings wird der Betrug aufgedeckt, denn sie stammen aus Holland. Doch Galilei macht mit seinem Fernrohr große Entdeckungen, denn er hat Beweise für die kopernikanische Lehre. Doch Galilei wird von Sagredo davor gewarnt, seine Entdeckungen zu veröffentlichen, denn es widerspricht der Bibel. Er hört auf niemanden und reist nach Florenz. Dort stellt er seine Entdeckung den Gelehrten vor, doch sie nehmen Galilei nicht ernst. Zurück in Florenz, ist die Pest ausgebrochen und alle fliehen, nur Galilei bleibt während dessen zurück. Er möchte weitere Forschungen anstellen und deshalb nicht weg. Das Collegium Romanum lässt die Entdeckungen untersuchen von dem großen Clavius, welcher sie bestätigt. Doch die Inquisition verbietet die Lehre, da die Kirche am alten Weltbild festhält, wo die Erde der Mittelpunkt ist.

Galilei jedoch möchte die Wahrheit anerkennen, aber er wird versucht der Wissenschaft zu entsagen von dem kleinen Mönch. Kurz darauf verstirbt der alte Papst und ein neuer Papst, welcher selbst Wissenschaftler ist, kommt an die Macht.

Darauf hin glaubt Galilei, auf Offenheit bei dem Papst zu stoßen und die Lehre wieder erlauben zu lassen. Seine Verzweiflung, hofft er, wird sich auflösen durch die neue Thronbesetzung.

Mehrere Jahre später wird Galileo nach Florenz geladen, was ihm nicht bewusst ist, dass er wegen des Widerrufens seiner Entdeckungen dort anreist. Die Kirche droht im Folter an, wenn er seine Ergebnisse nicht widerruft. Das Volk nährt sich seinen Entdeckungen immer mehr an, doch dadurch wird Galileo wegen Hetzerei gegen die Bibel angeklagt. 1633 widerruft Galilei seine Lehre durch Angst und Verzweiflung vor der Inquisition und seine ehemaligen Schüler und Befürworter wenden sich ab, da er als Verräter der Wissenschaft gilt.

Bis 1642 ist er zu Hausarrest verurteilt in seinem Landhaus in der Nähe Florenz. Dort darf er durch Kontrolle der Kirche sein Lebenswerk die ,,Discorsi" weiterschreiben, dennoch wird das Buch unter Verschluss gehalten. Andrea besucht Galilei einmal in der Zeit und erkundigt sich nach seiner Gesundheit. Während der Unterhaltung macht Galileo Andrea klar, dass er eine Abschrift des Buches besitzt und bittet Andrea es außer Landes zu schaffen und zu veröffentlichen. Die ganze Zeit glaubte Andrea, dass das Galileis Plan war, um das Buch fertig zu stellen, doch er gibt zu, Angst vor den körperlichen Schmerz gehabt zu haben. Kurz darauf bringt Andrea die ,,Discorsi" über die Grenze.

2.2 Der gute Mensch von Sezuan

In dem epischen Drama ,,Der gute Mensch von Sezuan", geschrieben von Bertolt Brecht in den Jahren 1938 bis 1940 und im Suhrkamp Verlag veröffentlicht 1964, geht es um Shen Te, welche begreift, dass man nicht gut sein kann und gleichzeitig noch gut finanziell leben kann.

Die Parabel beginnt mit dem armen Wasserverkäufer Wang, welcher sehnsüchtig auf die angekündigten Götter in Sezuan wartet, um die Armut zu lindern. Kurz darauf treffen die drei Götter ein, aber ohne Unterkunft zum schlafen, woraufhin sich Wang bereit erklärt für sie eine zu suchen. Niemand möchte sie aufnehmen, bis Wang die

Prostituierte Shen Te fragt, welche ihnen Obdach gewährt. Am nächsten Tag bedanken sich die Götter und geben Shen Te Geld. Mit dem Geld kauft sich Shen Te einen Tabakladen, da der Ort von der Armut geplagt ist, betteln viele, um Reis oder etwas Geld. So gut, wie Shen Te ist, gibt sie allen Reis und gewährt einer achtköpfigen Familie Obdach in ihrem kleinen Laden. Doch dann kommt der Schreiner in den Laden und verlangt Geld für die noch unbezahlten Stelllagen und auch die Vermieterin Frau Mi Tzü verlangt einen Vorschuss. Shen Te hat jedoch nicht genug Geld und so schlägt die achtköpfige Familie den Vetter vor, welcher morgen vorbei kommt und die Rechnungen begleichen möchte.

Im Traum erscheinen Wang die drei Götter, die ihn bitten auf Shen Te ein wenig aufzupassen.

Der Vetter erscheint und verhandelt mit dem Schreiner, welcher 100 Silberdollar verlangt, jedoch bekommt er nur 20 Silberdollar. Als das geklärt ist, wirft er die Familie aus dem Laden raus. Kaum zurück trifft Shen Te im Stadtpark den Flieger Sun Yang, welcher sich gerade an einem Baum erhängen will. Daraufhin hält Shen Te ihn davon ab und kauft für ihn einen Becher Wasser.

In einem weiteren Traum von Wang kommen die Götter wieder vor und erkundigen sich nach Shen Te. Wang erzählt davon, wie Shen Te nach dem guten strebt, allerdings erzählt Wang weniger begeistert von dem durchgreifenden Vetter. Nach kurzer Zeit ist Shen Te wieder da und erfährt von der Mutter ihres Geliebten, dass er eine Job als Flieger in Peking annehmen könnte, doch es fehlen ihm 500 Silberdollar. Shen Te hat 200 Silberdollar von dem Teppichverkäufern erhalten und gibt es Sun. Doch er verlangt von Shen Te, verkleidet als der Vetter, den Laden zu verkaufen und somit die fehlenden 300 Silberdollar aufzutreiben.

Zur Hochzeit befinden sich Shen Te und Sun mit der Hochzeitsgemeinde in einem Nebenzimmer eines billigen Restaurants und Sun wartet auf einen bestimmten Gast. Er erwartet den Vetter, der ihm 300 Silberdollar zur Hochzeit versprochen hatte, doch er kreuzt nicht auf. Nach langem Warten gehen die ersten Gäste und Sun versteht, dass der Vetter nicht kommen wird.

Die Hochzeit ist abgesagt aber Shen Te erkennt, dass sie schwanger ist. Aus Verzweiflung und Angst vor einer ungewissen Zukunft eröffnet der Vetter eine Tabakfabrik, wo unter anderem Sun auch arbeitet. Durch Zufall erfährt er, dass Shen Te schwanger ist, als sie gegangen ist und möchte so schnell wie möglich zu ihr. Er ist der festen Überzeugung, dass der Vetter Shui Ta Shen Te gefangen hält, da er ihr Schluchzen aus dem Gelaß gehört hat. Tatsächlich wird einiges ihrer Kleidung gefunden und der Vetter wird verhaftet.

In Wangs Traum tauchen die Götter erneut auf, doch als Wang von dem verschwinden Shen Tes erzählt, kommen die Götter nach Sezuan,um ihr zu helfen.

Als es zur Gerichtsverhandlung kommt, entpuppt sich der Vetter als Shen Te. Sie versucht den Göttern, welche dort Richter sind, verzweifelt zu erklären, dass sie kein guter Mensch ist. Allerdings verzeihen die Götter Shen Te und glauben an das gut in ihr.

Der Epilog hat kein Ende, sodass den Leser die Frage offen bleibt und er sich selbst ein Ende erschließen muss.

3. Vergleich der Verzweiflung

3.1 Gemeinsamkeiten und Unterschiede

In diesem Vergleich werden die beiden Werke, von Bertolt Brecht geschrieben, miteinander verglichen, einmal ,,Der gute Mensch von Sezuan" und das ,,Leben des Galilei". Das erste genannte Werk wurde 1964 im Suhrkamp Verlag veröffentlicht und handelt von der Suche nach einem guten Menschen, das zweite epische Drama wurde 1963 ebenfalls im Suhrkamp Verlag veröffentlicht und behandelt das Thema der neuen Weltansicht durch den Wissenschaftler Galileo Galilei.

Im folgenden Abschnitt wird auf die Struktur der jeweiligen Dramen eingegangen. Das Drama ,,Der gute Mensch von Sezuan" leitet den Leser mit einem Vorspiel in die Geschichte ein, währen dessen das ,,Leben des Galilei" den Leser direkt in die Handlung einbindet. Das erste Drama hat eine Gliederung, indem sie den Leser näher mit der Nebenhandlung der Götter und Wang vertraut macht und somit hinter fast jedem Kapitel ein weiteres Zwischenspiel kommt. Am Ende nach dem zehnten Kapitel kommt der Epilog, welcher den Leser im ungewissen lässt und Shen Te mit ihrem weiteren Handeln, in der Verzweiflung ihren Mitbürgern gegenüber, alleine lässt:,,*Während Shen Te verzweifelt die Arme nach ihnen ausbreitet, verschwinden sie oben, lächelnd und winkend*"(Brecht 1964, S.143). Im Gegensatz zu dem zweiten Drama, welches 15 Kapitel hat und zum Ende hin über immer kürzer werdende Kapitel verfügt. Auch in diesem Drama hat das letzte Kapitel ein offenes Ende, als sich Galileis Verzweiflung langsam auflöst und Andrea die ,,Discorsi" über die italienische Grenze schmuggelt:,, [...]Ab! *Andrea geht mit dem Kutscher, der die Kiste trägt, über die Grenze. Drüben steckt er das Manuskript Galileis in die Reisetasche*"(Der Grenzwächter zu Andrea, Brecht 1963,S.131). Allerdings ist auch hier nicht klar, ob die ,,Discorsi" veröffentlicht werden und Galileis Verzweiflung und sein Streben nach der Wahrheit endlich ein Ende haben. Der Leser wird genauso, wie im ersten Drama im Ungewissen gelassen, um seine Fantasie anzuregen.

Die Dramen haben einen sehr ahnlichen Spannungsbogen, in Hinsicht auf die Verzweiflung. Im ,,Leben des Galilei" gibt es zwei Arten der Verzweiflung, einmal die Existenzangst, durch zu wenig Gehalt und noch die innere Verzweiflung, hinsichtlich der Beweise der koperikanischen Lehre, die Galileo verboten werden zu veröffentlichen. Zunächst steigt die Spannung, denn Galilei bittet um mehr Gehalt:,,Der Schutz vor der Inquisition laßt ihr euch damit vergüten, daß ihr die schlechtesten Gehälter zahlt"(Galileo zum Kurator, Brecht 1963, S.18). Doch durch eine geklaute Erfindung, dem Fernrohr, glaubt Galilei mehr Lohn zu erhalten:,,Das bringt uns 500 Skudi"(Brecht 1963, S.22). Kurz darauf stellt er seine ,,neue" Erfindung dem Rat von Venedig vor, aber der Betrug wird aufgedeckt und somit steigt die Spannungskurve an. Durch das verbesserte Fernrohr entdeckt Galilei Beweise für die kopernikanische Lehre :,,Da hast du ein Gestirn, um das ein anderes sich dreht."(Brecht 1963, S.32). Dort lösen sich die Geld Probleme auf, denn durch das verbesserte Fernrohr und die neuen Entdeckungen, hofft Galileo mehr Geld zu erhalten. Doch als Galileo die Lehre beweisen möchte, verbietet die Inquisition seine Beweise zu veröffentlichen, denn es spricht gegen die Bibel. Die Kirche droht ihm unterschwellig Folter an und versucht ihn von der Astronomie abzubringen:,,Ich verstehe ihre Bitterkeit. Sie denken an die gewissen außerordentlichen Machtmittel der Kirche."(Der kleine Mönch zu Galilei, Brecht 1963, S.75). Galileis Verzweiflung steigt wieder, wegen der Unveröffentlichung der Wahrheit. Durch ein gewisses Interesse des Volkes an seinen Entdeckungen wird er wegen Hetzerei fest genommen und soll widerrufen. Keiner seiner Freunde oder Schüler traut Galileo dies zu, doch er widerruft und gilt dadurch als Verräter der Wissenschaft. Das ist der Wendepunkt des Dramas, denn niemand hätte gedacht, dass Galileo die Wissenschaft verrät. Er wird zu Hausarrest verurteilt, wodurch er seine ,,Discorsi" fertig stellt und er sie Andrea mit gibt. Das ist der Höhepunkt, denn hier verliert Galileo jegliche Verzweiflung und Anspannung, wegen der Veröffentlichung seines Buches.

Einen ähnlichen Spannungsbogen kann man auch bei dem zweiten Drama skizzieren, denn auch hier ist der Einstieg ins Drama mit Geldproblemen von Shen Te überschattet:,,Wir haben gehört, du hast deine Miete nicht zusammen" (Götter zu Shen Te, Brecht 1964, S.16). Erst als die drei Götter kommen, löst sich Shen Tes Verzweiflung vorläufig auf, durch den Obdach erhält sie Geld und kann sich damit einen Tabakladen kaufen. Allerdings im nächsten Moment verlangen der Schreiner und die Hausbesitzerin Geld, welches Shen Te nicht hat. Sie weiß nicht weiter und verkleidet sich als ihren Vetter Shui Ta, der für Shen Te die Geschäfte klärt:,,Der Vetter bezahlt es!" (Der Neffe, Brecht 1964, S.27).Da sinkt ihre Verzweiflung zuerst wieder. Doch durch Suns Fliegerangebot in Peking, benötigt er Geld, was er nicht besitzt. Und so will er das Geld von Shen Te und Shui Ta haben. Shen Tes Verzweiflung Sun gegenüber setigt an, denn sie hat nicht genug Geld und weiß, sie hat keine gemeinsame Zukunft mit Sun:,,Das Mädchen lasse ich doch in der hier. Sie wäre mir in der ersten Zeit nur ein Klotz am Bein" (Sun zu Shui Ta, Brecht 1964, S.72) Als sie merkt, dass sie schwanger ist, freut sie sich im ersten Moment, aber sie hat einen inneren Konflikt. Sie weiß, dass sie schwanger nicht in Sezuan bleiben kann, denn sie und Sun sind getrennt. Außerdem würde es auffallen, dass sie Shui Ta ist. Somit übernimmt Shui Ta in der neuen Tabakfabrik wieder die Geschäfte. Durch Shen Tes Verzweiflung greift sie auf den Vetter zurück, sie kennt keinen anderen Ausweg. Dadurch ist der Wendepunkt des Dramas erreicht und so haben sich ihre erneuten Sorgen um Geldprobleme aufgelöst und kann sich um ihr Kind sorgen. Durch das Einkommen der Tabakfabrik, muss sie sich keine Gedanken mehr machen, kurz darauf glaubt Sun ein Schluchzen von Shen Te im Gelaß gehört zuhaben:,,Ein Schluchzen, Euer Ganden, ein Schluchzen!"(Sun zu den Göttern, Brecht 1964, S.137). Daraufhin wird der Vetter festgenommen und kommt vor Gericht. Durch große Selbstzweifel und Angst enthüllt sich Shui Ta vor den Göttern, als Shen Te, welche nun glaubt ein schlechter Mensch zu sein:,,[...] *Er nimmt die Maske ab und reißt sich die Kleider weg, Shen Te steht da*" (Brecht 1964, S.139). Das ist der Höhepunkt, denn kaum jemand der Bürger wusste, wer Shui Ta ist und somit hat sie auch die Götter überrascht. Doch die Götter verzeihen ihr, denn sie nehmen es hin, dass man ihre Gebote, ein guter Mensch zu sein und noch finanziell gut auszukommen, nicht funktioniert.

3.2 Gründe der Verzweiflung in Hinsicht auf den gesellschaftlichen Hintergrund

Beide Dramen fangen mit Geldproblemen der jeweiligen Protagonisten an und aus ihnen entwickeln sich dann weitere Probleme. Die Themen der Handlungen sind zwar verschieden, dennoch können Parallelen festgestellt werden. Beide, Galileo Galilei und Shen Te, betrügen ihre Mitmenschen, allerdings liegt es in ihren Ermessen richtig zu handeln und sich selbst zu schützen, ob vor Folter der Kirche oder vor Abneigung der Mitbürgern.

Bei beiden Dramen sind die gesellschaftlichen Hintergründe sehr unterschiedlich, denn Shen Te wird eigentlich in die Rolle des Vetters gezwungen. Durch die achtköpfige Familie, die aus Not den Vetter erfindet, hat Shen Te keine andere Wahl. Allerdings hat sie die Wahl, sich nicht öfter als den Vetter zu verkleiden und die Lüge nicht weiter fortzuführen.

Bertolt Brecht lebte zu der Zeiten des ersten und zweiten Weltkriegs und hat den historischen Kontext in seine Werke miteinbezogen. In der Parabel ,,Der gute Mensch von Sezuan" kann erschlossen werden, da es in den Jahren 1938 bis 1940 geschrieben wurde, dass die Armut und Massenarbeitslosigkeit nach dem ersten Weltkrieg, seinen Anteil im Drama wiederfindet.

Der gesellschaftliche Kontext in seinem Drama ist verarmt und meist auch arbeitslos, wie die bettelnden Leute vor Shen Tes Tabakladen zeigen:,, Ich wollte sie auch bitten, mir etwas Geld zu leihen"(Brecht 1964, S.19). Dem ganzen Viertel, in dem Shen Te lebt, geht es finanziell sehr schlecht, bis auf einige wenige, die sich gerade so mit ihren Geschäften halten können. Sie ist gezwungen die Rolle des Shui Ta anzunehmen, um ihr eigenes Überleben und das ihres Sohnes zu sichern. Sie kämpft um ihr Leben, aber möchte dabei kein schlechter Mensch sein, doch ohne den Vetter, hätte sie nichts mehr und müsste sich wieder prostituieren:,,Und wovon soll meine Kusine leben?" (Shui Ta zu Sun, Brecht 1964, S.72). Shen Te hat einen inneren Konflikt, denn sie kann nicht gut sein und nebenbei noch leben. Das Drama zeigt, dass gute Menschen in einer verarmten Gesellschaft nicht überleben können und negative Einwirkungen auf denjenigen haben.

Das Drama ,,Leben des Galilei" hat einen gesellschaftlichen Hintergrund, welcher ebenfalls arm ist. Galileo muss genauso wie Shen Te zusätzlich arbeiten, um zu überleben. Sein einziger Unterstützer ist Andrea, welcher Galileo hilft die Wahrheit zu veröffentlichen. Seine Tochter Virginia und sein Freund Sagredo versuchen ihn von seinen Entdeckungen loszureißen, denn sie wissen, dass die Kirche nicht erfreut ist über ein neues Weltbild:,,Galilei ich sehe dich auf einer furchtbaren Straße. Das ist eine Nacht des Unglücks, wo der Mensch die Wahrheit sieht"(Sagredo zu Galilei, Brecht 1964, S.38). Galilei versucht aus Angst vor der Kirche den Stillstand der Erde zu beweisen.

Die Kirche hatte große Macht über das Volk:,,Nicht geständige, hartnäckige oder durch Folter und Gottesurteil überführte Ketzer wurden dem Henker, d. h. der weltlichen Gerichtsbarkeit, übergeordnet und öffentlich verbrannt"(,,Ketzer im Mittelalter und die Inquisition"(https://www.lernhelfer.de/schuelerlexikon/geschichte/artikel/ketzer-im-mittelalter-und-die-inquisition(abgerufen 03.03.2017).

In dem Drama nimmt die Kirche eine wesentliche Rolle ein, durch sie wird erst die Verzweiflung Galileis geschaffen. Sie verbietet jegliche Wissenschaft, die gegen das kirchliche Bild des Universums spricht. Galileis neue Entdeckungen führen zum Verbot der kopernikanischen Lehre. Durch den kleinen Mönch hat er eine weiter Unterstützung gewonnen, der aber über die Macht der Kirche Bescheid weiß. Als Galilei gezwungen wird seine Entdeckungen zu widerrufen, wird ihm bewusst, dass er keinen Ausweg hat. Doch während seines Hausarrests schreibt er ungeplant die ,,Discorsi" weiter, wodurch er seinen gesellschaftliches Ansehen bei seinen Befürwortern wiederherstellt.

4. Fazit

Abschließend kann zusammengefasst werden, dass ShenTe und Galileo Galilei, gewisse Ähnlichkeiten aufweisen in ihrem Verhalten. Beide handeln aus Not, denn sie haben nicht genug Geld, um zu überleben. Beide wollen moralisch richtig handeln, doch sie werden durch andere gezwungen, es nicht zu tun. Die Protagonisten betrügen beide ihre Mitbürger, aus Selbsterhaltungsgründen, aber letztendlich werden beide dabei erwischt. Die Dramen haben einen sehr ähnlichen Spannungsaufbau. Ihr gesellschaftlicher Hintergrund ist nicht sehr unterschiedlich, denn Shen Te hat ebenso eine Unterstützerin, die Shin, wie Galilei Andrea.

Man kann feststellen, dass Bertolt Brecht durchaus seine Lebenserfahrungen mit einfließen lassen hat. In der Zeit ,wo der Autor lebte, war Deutschland von Arbeitslosigkeit und großer Armut geprägt, was in seinen zwei Werken auch zu finden ist. Beide Werke wurden in der gleichen Zeit geschrieben und weisen daher auch gewisse Parallelen auf.

Die Verzweiflung der Protagonisten entsteht durch äußere Einflüsse, die sie selbst weiter ausbauen. Durch die offenen Enden wird der Leser gezwungen, selbst über die nächste Handlung von Galileo und Shen Te nachzudenken. ,,Der gute Mensch von Sezuan" gilt als das geschlossenste Werk Brechts. Die Dramen unterscheiden sich in ihrem Aufbau und ihrem Anfang. Beide haben einen Wendepunkt und Höhepunkt, durch die sich die Spannung sehr gut hält.

Literaturverzeichnis:

Buchquellen:

- Brecht, Bertolt (1963): Leben des Galilei. 77. Auflage. Berlin.
- Brecht, Bertolt (1964): Der gute Mensch von Sezuan. 74. Auflage. Berlin.

Internetquellen:

- Weller-Essers ,Andrea (2010): Ketzer im Mittelalter und die Inquisition. https://www.lernhelfer.de/schuelerlexikon/geschichte/artikel/ketzer-im-mittelalter-und-die-inquisition (03.03.2017)

BEI GRIN MACHT SICH IHR WISSEN BEZAHLT

- Wir veröffentlichen Ihre Hausarbeit, Bachelor- und Masterarbeit

- Ihr eigenes eBook und Buch - weltweit in allen wichtigen Shops

- Verdienen Sie an jedem Verkauf

Jetzt bei www.GRIN.com hochladen und kostenlos publizieren